Couvertures supérieure et inférieure
manquantes

LA BRETAGNE AU XVIIIᵉ SIÈCLE

LES TRENTE ET UN

ÉPISODE DE L'HISTOIRE DE LA VILLE DE DINAN

Dans la seconde moitié du xviiiᵉ siècle, la ville de Dinan était une des plus riches et des plus importantes de l'évêché de Saint-Malo. Malgré le délabrement de ses remparts, qui dataient du moyen-âge, elle était considérée plutôt comme une place de guerre que comme une ville ouverte, ce qui lui valut un double honneur dont elle se serait facilement passée. D'abord, pendant la guerre de Sept-Ans et la guerre d'Amérique, elle eut à garder un si grand nombre de prisonniers anglais que la milice bourgeoise était sur les dents. Elle craignait toujours quelque révolte qu'elle se sentait incapable de réprimer[1]. En second lieu, la ville avait à sa tête un gouverneur et un lieutenant de roi, officiers moitié civils et moitié militaires, qui émargeaient au budget municipal[2], occupaient les places d'honneur dans les assemblées de notables et dans les cérémonies publiques, et souvent intervenaient dans la police intérieure en ordonnant des arrestations arbitraires contre lesquelles protestaient vainement les tribunaux[3]. En

---

1. Arch. d'Ille-et-Vil., C, 2466. — 2. Ibid. C, 2459. — 3. Ibid. C, 485.

1776, le gouvernement délivra les villes ouvertes de ces officiers parasites, qui grevaient leur budget sans leur rendre aucun service. Mais le gouverneur et le lieutenant de roi de Dinan manœuvrèrent si bien qu'ils conservèrent leurs offices.

La population de Dinan était évaluée à 7,000 âmes [1]. Elle avait deux éléments de prospérité : son commerce de toile, favorisé par le voisinage des fabriques de Quintin, et son entrepôt général de tabac pour toute la province [2].

La constitution municipale de Dinan avait été fixée par des lettres patentes et des arrêts du Parlement de Bretagne qui dataient de 1624 et 1641. Dans ses traits généraux elle rappelait celle de la plupart des autres villes de la province. A la tête de la ville sont quatre magistrats électifs : le maire, le lieutenant de maire, le procureur syndic et le miseur ou trésorier; et deux assemblées : la communauté ou corps de ville, et le général des habitants ou assemblée générale. La communauté se compose de vingt-quatre membres, dont douze anciens maires inamovibles et douze assesseurs électifs. Elle est chargée de l'expédition des affaires courantes. L'assemblée générale, composée des notables du clergé, de la noblesse et du tiers-état, élit chaque année le maire et les assesseurs à la séance solennelle du 20 janvier. Elle vote le budget, reçoit les comptes du miseur et décide toutes les questions d'intérêt général [3].

La constitution de Dinan reçut de graves atteintes de 1692 à 1733. Le gouvernement, pressé par le besoin d'argent, érigea en offices héréditaires et vendit toutes les magistratures municipales. Ces offices, abolis après la mort de Louis XIV, furent rétablis et remis en vente en 1733, au commencement de la guerre de la Succession de Pologne. Les villes les plus riches achetèrent la plupart de ces offices et conservèrent

1. Arch. d'Ille-et-Vil., C, 482. — 2. Ibid. C, 485. — 3. Ibid. C, 482.

ainsi le droit d'élire leurs magistrats. Enfin, en 1748, parut un édit qui, moyennant finance, attribuait aux villes les offices non vendus. Pour le paiement, on leur accordait une augmentation d'octrois et on leur imposait une taxe qui devait leur permettre de se liquider en dix ans. Mais la taxe se transforma en impôt perpétuel au profit du Trésor.

La ville de Dinan avait, dès l'année 1734, acheté tous ses offices municipaux, excepté ceux de miseur, de gouverneur et de lieutenant de roi. L'assemblée générale aurait dû recouvrer en même temps le droit d'élire les magistrats et les assesseurs de la communauté. Mais la communauté ne l'entendait pas ainsi. Elle ne se composait guère que de membres de la haute bourgeoisie, « vivant noblement, » unis à la noblesse par des alliances fréquentes. Ils dédaignaient l'assemblée générale, composée de petits bourgeois turbulents. En 1735, ils adressèrent au ministre de la maison du roi un mémoire sur les désordres et les cabales qui troublaient toujours l'assemblée générale. Ils demandèrent une réforme de la constitution. Leur requête fut rejetée. L'intendant la leur renvoya, en leur répondant durement que s'il y avait des cabales dans l'assemblée générale, eux seuls en étaient les auteurs; moins que personne, par conséquent, ils avaient le droit de s'en plaindre[1].

Voyant que le gouvernement refusait de se rendre à leurs désirs, les membres de la communauté se passèrent de son approbation et se rendirent eux-mêmes inamovibles. Ils déclarèrent que la communauté, en achetant les offices municipaux, s'était substituée à tous les droits des titulaires de ces offices. Les titulaires n'ayant jamais été électifs, les assesseurs de la communauté, qui les remplaçaient, ne pouvaient être électifs. L'assemblée générale n'eut plus à élire que le maire ou les

1. Arch. d'Ille-et-Vil., C, 2459.

candidats aux places d'assesseurs devenues vacantes par la mort ou la démission de leurs titulaires. Il s'éleva plus d'une fois des réclamations dans l'assemblée générale[1]. La communauté réussit à étouffer la voix des mécontents et à persuader au gouvernement que les habitants de Dinan avaient un caractère difficile, un esprit naturellement frondeur, qu'il y avait même dans la ville plusieurs familles d'autant plus dangereuses que chez elles l'esprit d'opposition était héréditaire[2].

Pendant une quarantaine d'années, la communauté de Dinan forma une espèce d'oligarchie bourgeoise qui, avec l'exercice du pouvoir, finit par oublier son usurpation et croire à sa propre légitimité. Elle affectait le désintéressement. En 1770, pendant une disette qui désolait la province, les membres de la communauté se cotisèrent pour acheter du blé à l'étranger et le vendre à bas prix au profit des pauvres. L'intendant d'Agay les félicita de leur zèle et les proposa comme exemple aux autres communautés[3]. Ils avaient tant de confiance en eux-mêmes qu'ils frayaient avec le parti libéral en Bretagne, avec les bastionnaires qui défendaient les libertés provinciales contre le duc d'Aiguillon. Ils avaient à leur tête deux des meneurs de l'opposition aux États, MM. Bameulle de la Chabossais et Couppé de la Fougerais. Le dernier était particulièrement redouté du gouvernement, à cause de son influence sur le tiers-état. En 1772, il avait osé lutter contre le terrible président M. de Tréverret, auquel il avait inspiré de graves inquiétudes. En 1773, la communauté ayant à présenter trois candidats pour les élections à la mairie, s'obstina pendant dix mois à présenter MM. de la Chabossais et de la Fougerais. Comme le maire était de plein droit député aux États, le gouvernement, ne pouvant vaincre l'opposition de

---

1. Arch. d'Ille-et-Vil., ... — 2. Ibid. C, 685. — 3. Ibid. C, 680.

la communauté, suspendit les élections et proclama d'autorité, comme maire, le sieur Gagon, le plus inoffensif des trois candidats présentés par la communauté[1].

Malgré son apparence de libéralisme, l'oligarchie municipale de Dinan s'attribua d'importants privilèges aux dépens des autres habitants. Les membres de la communauté s'exemptèrent de l'impôt du casernement, de la fourniture des lits aux casernes, du logement des gens de guerre[2]. Dans la répartition des autres impôts, comme la capitation, ils avaient soin de se ménager. Il fallait bien tenir compte « de la dépense relative à leur état et de l'éducation qu'ils devoient à leur famille[3]. » Il en résultait des abus criants. « Tous ceux qui ont séance à la communauté, écrit en 1770 un contribuable, sont à peine imposés à la capitation, tandis que de pauvres artisans y sont des 15 et des 18 liv., et qu'un maire actuel, vêtu de velours, n'est imposé que de 6 liv.[4] » Avec l'administration de la ville, la communauté avait accaparé celle de l'hôpital, dont elle désignait les directeurs et les économes. Elle avait soin de les choisir parmi ses membres. Sous leur direction, l'hôpital, au lieu de prospérer, était tombé dans une détresse inquiétante[5]. Les affaires de la ville n'étaient pas en meilleur état que celles de l'hôpital. Les rues étaient mal pavées; les chemins de la banlieue dépérissaient, faute d'entretien. En 1762, la communauté résolut de réparer les pavés. Elle obtint un arrêt du Conseil qui l'autorisait à lever sur les propriétaires une taxe pour le rétablissement des pavés, et à prendre sur le produit des octrois les sommes nécessaires pour le rétablissement des banlieues. Tous ces travaux furent adjugés au sieur de la Noé-Méré, qui s'engagea à les opérer en neuf ans. Mais c'était un homme « sans

---

1. Arch. d'Ille-et-Vil., C, 480. — 2. Ibid. C, 482. — 3. Ibid. C, 485. — 4. Ibid. C, 482. — 5. Ibid. C, 485.

bien, sans argent, sans la moindre connoissance des ouvrages qu'on lui adjugeoit. » Il fit banqueroute en 1769 et tout fut à recommencer[1].

Il n'est pas de pouvoir si bien établi qui ne soit exposé tôt ou tard à voir contester ses titres et discuter ses droits. Le premier adversaire sérieux de la communauté de Dinan fut le maire Martel de Boistizon. En 1770, quand ses confrères firent assaut de générosité pour combattre la disette, il poussa l'indiscrétion jusqu'à douter de leur désintéressement. Envoyé comme député de Dinan aux États de Nantes, il eut soin de les tenir au courant de ce qui se passait à l'assemblée. Mais il adopta dans sa correspondance un ton d'ironie et de persiflage qui les blessa profondément. Ses lettres « étoient presque toujours mordicantes, semées d'aigreur et de fiel. » D'après les lettres patentes qui fixaient la constitution de Dinan, il appartenait de droit, en sortant de charge, au nombre des membres inamovibles du corps de ville. Par délibération du 6 avril 1771, la communauté le raya sans façon de la liste de ses membres[2].

A la même époque, elle se fit un autre ennemi dans le sieur Macé du Tertre, un des principaux négociants de la ville. Trois places d'assesseurs se trouvaient vacantes. Il était d'usage en pareil cas d'y nommer les prévôts du Papegaut, appelés aussi prévôts de Saint-Sébastien. Les fonctions de ces prévôts constituaient une corvée assez onéreuse. « Ils sont assujettis au service que la communauté fait célébrer dans l'église des R. P. dominicains, aux jours de la fête de la Sainte Vierge et de saint Sébastien, et au paiement de la cire nécessaire pour l'illumination de l'autel et des cierges que les mêmes nouveaux assesseurs ont coutume de présenter aux membres de la communauté qui assistent au service. C'est

---

1. Arch. d'Ille-et-Vil., C, 496. — 2. Ibid. C, 483.

pour eux une dépense d'environ 100 liv., sans y comprendre celle des torches et flambeaux pour les feux de joie, qu'ils sont en usage de payer[1]. »

Primitivement ils étaient élus par la corporation des chevaliers du Papegaut. Mais la communauté s'était attribué le droit de les nommer. Elle désigna les sieurs Le Renec, Besné de la Hauteville et Macé du Tertre. Les deux premiers acceptèrent leur nomination. Macé du Tertre regarda le choix de la communauté comme une marque de dédain. Il aurait voulu entrer plus tôt dans le corps de ville et à un autre titre que celui d'assesseur. Il réclama auprès de l'intendant et auprès du duc de Penthièvre, gouverneur de la province. Il leur signala tous les abus de la communauté. Il ajouta qu'il était trop franc et trop sensible pour faire partie d'une telle assemblée. Par sa franchise, il s'attirera la haine de tous les membres de la communauté. La vue des injustices qu'ils commettent aux dépens des malheureux lui navrera le cœur. Il conjure l'âme sensible et généreuse du duc de Penthièvre de lui épargner un tel chagrin. Pour plus de sûreté, il réclama l'intervention de l'historien Duclos, son parent. Tous ses efforts furent inutiles. Le subdélégué du Gage-Samson était dévoué à l'oligarchie municipale. Consulté par l'intendant, il répondit que l'administration de la communauté était irréprochable, que Macé du Tertre n'était qu'un intrigant vaniteux, dont les réclamations n'avaient aucun fondement. Macé du Tertre resta malgré lui prévôt du Papegaut et membre de la communauté[2].

Mais un orage plus grave et plus sérieux se préparait contre cette communauté. L'oligarchie municipale avait pour adversaires les procureurs, les avocats, les petits bourgeois, qui se voyaient exclus du corps de ville. D'un autre côté, les pro-

---

1. Arch. d'Ille-et-Vil., C, 483. — 2. Ibid. C, 491.

priétaires se demandaient ce qu'étaient devenues les taxes qu'ils avaient payées pour la réparation des pavés. Il était évident que le produit de ces taxes n'avait pas été entièrement dépensé, puisque La Noë-Méré n'avait pas achevé son travail. Il restait donc des sommes considérables entre les mains des receveurs de la communauté. La plupart des propriétaires réclamaient la restitution de leur argent. Il y eut bientôt dans la ville de Dinan une violente agitation contre la communauté. Trente et un individus entreprirent de diriger le mouvement. Ils formaient un groupe composé d'avocats, de procureurs, de négociants, de petits marchands et de cabaretiers. Ils résolurent de battre en brèche le pouvoir de la communauté, de rétablir la constitution primitive de la ville et de rendre à l'assemblée générale ses anciennes attributions.

Ils communiquèrent d'abord leur projet au comte de la Bretonnière, qui n'y trouva rien de répréhensible et leur permit de s'assembler librement pour se concerter soit entre eux, soit avec leurs partisans. Ils se hâtèrent de profiter de cette autorisation qui les protégeait contre la communauté. M. de la Bretonnière, comme gouverneur de la ville, était pour eux une garantie. Pendant plusieurs mois, les Trente et un ne cessèrent de parcourir les cabarets, les maisons particulières. Partout ils exposaient les fautes et les usurpations de la communauté et recrutaient des adhérents. Avant de commencer la lutte, ils consultèrent à Rennes plusieurs avocats, qui déclarèrent leur cause excellente. Le 20 janvier était le jour fixé pour les élections du corps municipal, élections abolies presque entièrement depuis 1733. Le 12 janvier 1776, les Trente et un adressèrent à la communauté une sommation par laquelle ils la mettaient en demeure de convoquer l'assemblée générale pour procéder au renouvellement de ses assesseurs et à l'élection des directeurs et économes de l'hôpital, dont moitié devaient être choisis en dehors du corps de ville[1].

La communauté, étourdie de cette brusque attaque, s'adresse à l'intendant Caze de la Bove et lui demande quel parti prendre. M. de la Bove lui répond que les réclamations des Trente et un lui paraissent légitimes. Il invite le maire, Macé de Lépinay, à convoquer l'assemblée générale pour les élections. De leur côté, les Trente et un, voyant que la date du 20 janvier approche, que la communauté ne répond pas à leur sommation, portent l'affaire devant le Parlement et supplient la Cour de rendre un arrêt qui fasse respecter les droits des habitants de Dinan. La communauté avertie adresse aussitôt à l'intendant un mémoire violent, dans lequel elle lui représente les Trente et un comme des intrigants, des factieux qui, par de perfides manœuvres, ont ameuté une population naturellement turbulente. Ils ont parcouru les cabarets, semant partout la haine et la calomnie contre la communauté. « Il est également certain que leur sommation a été colportée de maison en maison, avec sollicitation de la signer et invectives contre ceux qui s'y refusoient; que les chefs tentèrent de la faire adopter par les corps d'arts et métiers; qu'avant cette époque et depuis, les trente et un habitants se sont livrés à la fermentation et à l'animosité contre le corps de ville, en tenant des propos outrageants en public contre les membres qui le composent. Est-il des traits qui puissent caractériser plus fortement l'intrigue, la cabale et l'insubordination? Le gouvernement, qui s'occupe essentiellement du maintien de l'ordre, ne peut voir avec indifférence une pareille conduite. » La communauté insiste sur l'obscurité de la plupart des Trente et un, la bassesse de leur naissance, l'humilité de leur position sociale. Elle feint de croire qu'ils veu-

---

1. Arch. d'Ille-et-Vil., C, 481.

lent écarter et remplacer tous ses membres, renouveler tout le corps de ville à la fois. Il est certain que si l'assemblée générale est convoquée pour de nouvelles élections, les Trente et un seuls seront élus. Si la communauté est renouvelée tout entière, elle sera remplacée par un nouveau corps de ville sans dignité et sans expérience. Si elle est soumise à un renouvellement partiel, elle sera envahie par de nouveaux membres qui y porteront leurs rancunes et leurs passions haineuses. « La communauté se trouvera divisée en deux partis, dont l'un, sans connoissance des affaires, se fera une étude de fronder le sentiment de l'autre et de produire des entraves au zèle des membres plus expérimentés. De là le schisme et la division qui mettront les plus grands obstacles au bien public et à la sagesse qui doit être le fondement de toutes les délibérations. » Les membres de la communauté sont prêts à renoncer à l'inamovibilité dont ils ont joui; mais il est de leur devoir de signaler à l'intendant les périls qu'entraînerait le succès des Trente et un. Ils demandent, en outre, l'autorisation de se défendre dans le procès dont ils sont menacés au Parlement [1].

En réalité, ce procès que semblait craindre la communauté était invraisemblable. Ce que réclamaient les Trente et un auprès du Parlement, c'était un simple arrêt qui confirmât les droits incontestables de l'assemblée générale. M. de la Bove, cependant, crut que le procès était imminent. Il calcula que les finances de la ville de Dinan étaient déjà fort obérées, qu'un procès, même gagné par la communauté, serait encore fort onéreux pour le budget municipal. Il résolut d'empêcher à tout prix ce procès. La question des droits de l'assemblée générale, des usurpations audacieuses de la communauté, n'avait à ses yeux qu'une importance secondaire. Il s'en préoc-

1. Arch. d'Ille-et-Vil., C, 481.

cupait d'autant moins qu'il préparait depuis deux ans un projet de réorganisation générale pour toutes les municipalités de la province. A ses yeux, leur situation actuelle n'était que provisoire, et peu importait qu'à Dinan le provisoire durât encore quelque temps. L'essentiel était d'épargner à la ville les frais d'un procès. En conséquence, il adressa à Malesherbes un rapport dans lequel il reprenait tous les griefs de la communauté contre les Trente et un. « Dans presque toutes les communautés de cette province, ajoutait M. de la Bove, les membres du corps municipal, à l'exception du maire, ne sont remplacés qu'en cas de mort, ou pour quelqu'autre cause qui les met hors d'état de continuer leurs fonctions. Cet usage peut être en général très-abusif, mais j'ai l'honneur de vous observer qu'il n'en est résulté jusqu'à ce jour aucun inconvénient pour la ville de Dinan. Il paraît, au contraire, qu'elle a toujours été bien administrée... Je vois, par l'expérience du passé, que l'inamovibilité des offices municipaux n'a produit aucun désordre. » En conséquence, l'intendant, pour rétablir la concorde dans la ville de Dinan, demandait un arrêt du Conseil qui, en attendant un règlement général pour toutes les municipalités de la province, maintint provisoirement l'inamovibilité des membres de la communauté. M. de Malesherbes approuva les propositions de l'intendant et fit rendre par le Conseil un arrêt en ce sens, le 5 mai 1776[1].

La communauté de Dinan se hâta d'enregistrer cet arrêt. Il fallait encore le faire enregistrer par l'assemblée générale. L'assemblée est convoquée le 21 mai. Le maire, Macé de Lépinay, fait lire par le greffier l'arrêt du Conseil et en demande l'enregistrement. Deux des Trente et un, François Beslay et Toussaint du Tertre, font observer que cet arrêt est contraire aux droits des habitants, qu'il a été évidemment

---

1. Arch. d'Ille-et-Vil., C, 181.

surpris à la religion du Conseil par les manœuvres de la communauté. Sans doute il faut l'enregistrer, mais il serait imprudent de l'enregistrer sans réserver expressément les droits de l'assemblée générale. Ils proposent en même temps à l'assemblée d'adresser à Sa Majesté de très-humbles et très-respectueuses remontrances pour la supplier de maintenir les droits des habitants. Enfin, il leur parait sage d'enregistrer ces remontrances à la suite de l'arrêt du Conseil [1].

Le maire répond qu'il n'y a pas à discuter les ordres du roi et qu'on doit les enregistrer sans réserve [2]. Cette observation hautaine soulève des clameurs. Les Trente et un formulent des critiques sévères contre la communauté. « Le maire se porte à recueillir les voix auriculairement et, de retour à sa place, il dit que les voix étant à peu près égales, il use de sa prépondérance et que l'enregistrement sera fait sans aucune réservation. » Les Trente et un ont beau réclamer, la communauté refuse de les entendre. Le maire lève la séance. La communauté se rend à l'Hôtel-de-Ville et y rédige un procès-verbal où elle a soin de consigner certains propos un peu vifs échappés aux mécontents. Les Trente et un, « dans la crainte que l'enregistrement de l'arrêt du Conseil sur le registre des délibérations, sans réservation postérieure, n'eût pu être opposé pour fin de non recevoir au général des habitants, » se rendent chez le sénéchal et rédigent une protestation [3].

La communauté triomphait. Le gouverneur de la ville, M. de la Bretonnière, étant venu passer quelques jours à Dinan, le maire eut une conférence avec lui et le pria de travailler à apaiser les esprits. M. de la Bretonnière avait été blâmé par l'intendant pour avoir autorisé les conciliabules des Trente et un. Il cherchait à faire oublier sa faute. Il manda

---

1. Arch. d'Ille-et-Vil., C, 485. — 2. Ibid. C, 481. — 3. Ibid. C, 485.

les Trente et un devant lui, leur reprocha leurs manœuvres séditieuses, les invita à la soumission. Il en obtint des promesses satisfaisantes et se retira convaincu qu'il avait calmé l'agitation [1].

En réalité, les Trente et un n'abandonnèrent aucune de leurs revendications, mais ils changèrent de tactique et portèrent la lutte sur un autre terrain. La communauté était aux prises avec un grand embarras, le rétablissement des pavés et la liquidation des comptes de 1762 à 1769. L'ingénieur Dorotte fut chargé de dresser le plan du rétablissement des pavés. Le 17 janvier 1776, la communauté avait convoqué l'assemblée générale pour lui soumettre ce plan. L'assemblée élut une commission de six membres chargés d'examiner, de concert avec six membres de la communauté, les comptes de 1762 à 1769 et le plan de Dorotte. Des commissaires choisis par l'assemblée générale, cinq figuraient parmi les Trente et un : c'étaient Toussaint du Tertre, Le Testu du Demaine, Viel de Bellestre, François Beslay et Denoual des Mettries; le sixième, Cercler, était indécis. Les commissaires tinrent une vingtaine de séances. Ils constatèrent que, dans les comptes de 1762 à 1769, le reliquat dû aux propriétaires s'élevait à 5,542 liv. 12 s. 4 d. Ils proposèrent diverses modifications au plan de Dorotte. Quand les commissaires de la communauté les invitèrent à signer les procès-verbaux définitifs, les commissaires du 17 janvier refusèrent et demandèrent à soumettre le résultat de leurs opérations à l'assemblée générale [2].

La communauté repoussa formellement cette prétention. Elle déclara que l'assemblée du 17 janvier n'était pas une assemblée générale, mais une simple assemblée des propriétaires, seuls intéressés dans la question du rétablissement des pavés; que l'assemblée générale n'avait rien à voir en cette

---

1. Arch. d'Ille-et-Vil., C, 481. — 2. Ibid. C, 485.

affaire, que les commissaires du 17 janvier avaient reçu de leurs commettants des pouvoirs suffisants pour tout décider eux-mêmes. Les commissaires du 17 janvier persistent dans leurs réclamations et somment officiellement la communauté de convoquer l'assemblée générale. Pour toute réponse, la communauté envoie toutes les pièces à l'intendant, en le priant de tout décider. Cinq des six commissaires, ceux qui faisaient partie des Trente et un, adressent une requête au Parlement. Le 12 juillet, ils obtiennent un arrêt qui les autorise à convoquer devant le sénéchal l'assemblée générale, pour lui soumettre le détail de leurs opérations et les questions qui intéressent le bien des habitants [1].

La communauté se hâte de signaler à l'intendant cette nouvelle manœuvre des Trente et un. Elle le prie d'intervenir pour maintenir la concorde à Dinan. M. de la Bove répond durement que la communauté s'est attiré tous ces embarras en refusant de liquider les comptes de 1762 à 1769, et qu'il ne peut mettre obstacle à l'exécution de l'arrêt du Parlement. L'assemblée générale est convoquée pour le 30 juillet. Elle tient six séances, le 30, le 31 juillet et le 5 août. La communauté se fait représenter aux séances par le maire, Macé de Lépinay, et par quatre délégués, Bameulle de la Chabossais, Lohier, Coupard et Plesse de Saint-Mirel. Dès le début, le maire proteste contre l'arrêt du 12 juillet, contre l'irrégularité de cette prétendue assemblée générale dont il déclare nulles d'avance toutes les décisions. Malgré ses protestations, dont ils ne tiennent aucun compte, les commissaires du 17 janvier exposent le résultat de leurs opérations. Ils blâment sévèrement la négligence avec laquelle la communauté a surveillé les travaux de La Noé-Méré. Ils font connaître le reliquat dû aux propriétaires. Un procureur du groupe des Trente et un

---

1. Arch. d'Ille-et-Vil., C, 497.

propose ensuite un plan pour le rétablissement progressif des pavés. Le 31 juillet, à la séance du soir, l'assemblée générale élit deux commissions chargées, l'une de faire rendre aux propriétaires le reliquat auquel ils ont droit, l'autre d'arrêter un plan définitif pour le rétablissement des pavés.

Ces premières questions réglées, douze des Trente et un lisent un mémoire sur les manœuvres au moyen desquelles la communauté s'est attribué l'inamovibilité, sur la manière dont elle a obtenu et fait enregistrer l'arrêt du Conseil du 5 mai. Ils font connaître les abus commis dans l'administration de l'hôpital, dans la répartition des impôts. Ils proposent d'adresser au roi des remontrances pour demander la révocation de l'arrêt du Conseil du 5 mai, et d'adresser une requête aux États pour demander que la répartition des impôts soit confiée, ainsi qu'à Rennes, aux généraux des paroisses. L'assemblée décide de consulter trois avocats sur la question de l'arrêt du Conseil du 5 mai, et d'adresser une requête aux États pour enlever à la communauté la répartition des impôts[1].

Les séances de l'assemblée générale avaient excité parmi les habitants une vive émotion. Les propriétaires d'immeubles, les petits marchands, les avaient suivies avec attention. Ils ne comprenaient pas toujours les débats soutenus avec une solennelle réserve par les Trente et un contre la communauté. La plupart d'entre eux étaient assez peu intéressés dans la question même du recrutement de la communauté, qui devait rester inaccessible à la majeure partie des habitants. Même dans le cas où les Trente et un réussiraient à renverser l'oligarchie qui avait accaparé l'administration municipale, les petits propriétaires, les marchands au détail n'avaient même pas l'ambition de remplacer les riches bourgeois

---

1. Arch. d'Ille-et-Vil., C, 483.

qui composaient le corps de ville. Les procureurs, les négociants instruits étaient seuls capables de se substituer à l'ancienne communauté. Mais les habitants les plus intimes comprenaient que la communauté actuelle avait des comptes à leur rendre, qu'elle détenait leur argent, qu'elle les écrasait dans la répartition des impôts. Beaucoup d'entre eux s'attendaient à une restitution immédiate des sommes qu'ils avaient payées de 1762 à 1769 pour le rétablissement des pavés. Ils se rendaient aux séances de l'assemblée générale munis de leurs quittances de paiement. Ils les présentaient au greffier pour se faire rembourser. Étonnés d'être éconduits, ils attribuaient leur déception à la communauté, dont les membres ne pouvaient se montrer dans les rues sans être traités de voleurs et de fripons. « Cet esprit de sédition, inspiré à la populace par les Trente et un, écrivait naïvement le maire, tend à anéantir toute confiance, toute subordination, de manière que l'administration est devenue d'autant plus désagréable pour ceux qui en sont chargés, qu'il est difficile de remplir les vues de bien public qui en doivent être le fondement. Un fait nouveau constate cette vérité. Dans la nuit du 15 au 16 de ce mois d'août, une pluie affreuse avoit dégradé dans la rue du Jerzual une partie considérable des pavés, au point qu'il y avait une excavation profonde qui interceptoit le passage. Instruit de cet évènement, j'y fis charger dès le 16 au matin de la pierre et y envoyai des ouvriers. Mais les voisins du lieu dégradé se répandirent pendant tout le jour en invectives contre les ouvriers et le valet de ville qui les surveilloit, disant qu'il valoit mieux leur rendre leur argent que ceux de la ville retenoient injustement, que de leur faire du bousillage à leurs pavés [1]. »

Pour arrêter les manœuvres des Trente et un, Macé de

---

1. Arch. d'Ille-et-Vil., C, 485.

Lépinay et la communauté conjuraient l'intendant de sévir contre les meneurs les plus actifs de l'opposition : Gabriel de Brecey, Denoual des Mettries, du Tertre, Viel de Bellestre, Bodinier, Beslay le jeune, les frères Baignoulx et les frères Percevaut. « La communauté croit pouvoir représenter très-humblement à Votre Grandeur, disaient les magistrats effarés de Dinan, que les Trente et un ayant répandu dans la ville un esprit de division, d'animosité, de désordre, d'insubordination et de mépris contre le corps municipal, qu'ils continuent d'entretenir et qui tend à la sédition, il devient indispensable de recourir aux moyens les plus prompts d'y mettre une barrière et d'étouffer le feu qui subsiste, ce qui ne peut avoir lieu que par la punition des dix habitants ci-devant dénommés, qui sont les principaux chefs de cette cabale. »

La communauté s'inquiétait de tous les mouvements de ses adversaires. Elle craignait la révocation de l'arrêt du Conseil du 5 mai. M. de la Bove, auteur de cet arrêt, ne voulait pas admettre qu'en le demandant au ministre, il eût commis une faute. Il rassura la communauté sur ce point. « Il n'y a pas lieu de craindre, disait-il au maire le 31 août, que les habitants parviennent jamais à faire révoquer l'arrêt du Conseil du 5 mai dernier : la communauté n'a rien à redouter à cet égard. »

Tout en la rassurant sur ce point important, il la força de rendre aux propriétaires le reliquat du compte de 1762 à 1769. La communauté s'exécuta non sans peine [1]. Elle avait d'ailleurs un autre sujet d'alarme, elle redoutait les démarches des Trente et un pour la répartition des impôts. Elle adressa à M. de la Bove un mémoire pour lui faire connaître les inconvénients de la mesure proposée par les Trente et un. Le maire, après avoir insisté sur le désintéressement et l'impar-

---

1. Arch. d'Ille-et-Vil., C, 497.

tialité de la communauté dans la répartition des impôts, conjurait l'intendant d'intervenir auprès des États pour que l'affaire fût renvoyée à la commission intermédiaire, ce qui était un moyen commode et facile de l'étouffer. Malgré les promesses de M. de la Bove sur le maintien de l'arrêt du 5 mai, il conservait encore des inquiétudes. Il n'avait pu obtenir la punition des dix meneurs qui dirigeaient l'opposition. Leur impunité ne faisait qu'enhardir l'opposition et perpétuer le désordre. « Je n'ose me flatter que l'aigreur puisse se calmer dans l'esprit des Trente et un, de leurs adhérents et d'une partie du peuple qu'ils ont séduite, disait le doux Macé de Lépinay. La modération et la douceur que tous les membres de la communauté continueront de mettre en opposition à leurs procédés, ne sont pas susceptibles de ralentir l'ardeur qui les anime. Ils ne sont occupés que de rechercher tous les moyens de scruter la conduite du corps de ville, de le traduire en justice contentieuse. » Ils n'ont pas renoncé à l'espoir de faire révoquer l'arrêt du 5 mai. Leur opiniâtreté incorrigible inspire à l'excellent maire de véritables accès de découragement. « Je vous avouerai, qu'avec le désir réel que la communauté a d'opérer le bien public, il n'est plus possible d'y parvenir, si les choses continuent à subsister sur le même pied. Votre Grandeur reconnoîtra qu'il est essentiel qu'elle prenne un parti qui puisse rétablir le bon ordre. » Le seul parti efficace est d'exclure pour toujours les Trente et un du corps de ville et de les priver même du droit de voter dans l'assemblée générale [1].

L'intendant résista aux conseils de M. de Lépinay et s'abstint de sévir contre les Trente et un. Sa faiblesse devint fatale à la communauté. Factieux impudents, les Trente et un n'abandonnaient aucune de leurs revendications légitimes et har-

1. Arch. d'Ille-et-Vil., C, 485.

celaient sans pitié l'oligarchie débonnaire qui dirigeait la ville malgré les habitants. Le 15 août, à l'occasion d'une cérémonie religieuse, les sieurs de Brecey et du Tertre, marguilliers de la paroisse de Saint-Sauveur, suscitent une querelle de préséance à la communauté. Il y avait ce jour-là procession solennelle. Ces deux messieurs prétendent que les marguilliers doivent précéder la communauté et marcher immédiatement après le clergé, attendu qu'à la procession du Saint-Sacrement quatre d'entre eux marchent avec des torches aux quatre coins du dais. « Il leur est égal que leurs prétentions soient injustes et mal fondées, dit tristement le pauvre M. de Lépinay; leur but unique est de susciter à la communauté des discussions à l'infini. Tels sont les sentiments qui les dirigent : tout en eux est marqué au coin de l'animosité. » En effet, ils se hâtent de porter l'affaire devant le Parlement[1].

Mais ce qu'il y eut de plus grave est que Denoual des Mettries, au nom des Trente et un, présenta requête aux États de la province pour enlever à la communauté la répartition des impôts. La communauté fit imprimer un mémoire pour se justifier des accusations de ses adversaires. Macé de Lépinay essaya de la défendre comme député aux États. Le 5 décembre, les États chargèrent la commission intermédiaire d'aller à Dinan et de négocier un accommodement entre la communauté et les habitants[2].

Trois membres du bureau de l'évêché de Saint-Malo se rendirent en effet à Dinan en mai 1777. C'étaient l'abbé de la Grézillonnaie, le chevalier de la Tourandais et le sieur Lebreton. Pendant six semaines ils eurent une série de conférences avec les délégués de la communauté et des paroisses. Les délégués des paroisses, ou plutôt les Trente et un, deman-

1. Arch. d'Ille-et-Vil., C, 484. — 2. Ibid. C, 485.

daient la suppression de l'inamovibilité pour les membres de la communauté; la suppression du droit qu'elle s'était attribué de choisir uniquement dans son sein les administrateurs de l'hôpital; la préséance pour les marguilliers dans les cérémonies publiques. Enfin, comme ils avaient beaucoup dépensé pour soutenir les droits des habitants, ils exigeaient que leurs dépenses fussent couvertes par le budget municipal. La communauté repoussa absolument cette dernière prétention. Elle consentit à accorder place aux marguilliers aussitôt après les officiants dans les processions. Elle consentit à sacrifier l'inamovibilité de ses membres, mais à condition qu'ils ne seraient remplacés que successivement et conserveraient le titre d'assesseurs honoraires. Enfin, à l'égard des administrateurs de l'hôpital, elle objecta que les lettres patentes qui avaient érigé cet établissement portaient formellement que les huit directeurs et économes seraient choisis par la communauté, ce qui l'autorisait à les choisir parmi ses membres[1]. Les trois délégués de la commission intermédiaire quittèrent Dinan au mois de juin, sans avoir pu amener entre les partis opposés une réconciliation complète. Ils avaient cependant préparé un accommodement. L'intendant les remercia de leur zèle et accepta les bases de la transaction qu'ils avaient arrêtée. Le plan qu'il proposa au ministre était de maintenir l'inamovibilité pour les anciens maires; les assesseurs seront renouvelés, à raison de quatre par an; la communauté conservera le choix des directeurs de l'hôpital, mais à condition d'en prendre toujours au moins deux hors de son sein[2].

Cette transaction fort sage ne fut appliquée qu'en 1779, par un arrêt du Conseil du 25 septembre. Mais cet arrêt suscita de nouveaux orages. Un arrêt du Conseil du 4 juin 1763

---

1. Arch. d'Ille-et-Vil., C. 481. — 2. Ibid. C. 485.

avait soulevé de vives réclamations dans les États et dans les communautés, en établissant qu'à l'avenir les maires ne pourraient être choisis que sur une liste de trois candidats approuvés par le gouverneur de la province ou le commandant militaire. Cet arrêt, dont le but était d'empêcher les villes d'envoyer aux États des députés opposants, n'avait pas empêché la communauté de Dinan d'inscrire sur sa liste, en 1773, MM. de la Chabossais et de la Fougerais. Elle les proposa une seconde fois en 1778, ce qui força le gouvernement de suspendre les élections pour la mairie et de maintenir Macé de Lépinay, dont l'exercice était expiré [1]. Pour éviter le retour de semblables embarras, M. de la Bove n'imagina rien de mieux que de faire insérer dans l'arrêt du Conseil du 25 septembre un article qui attribuait purement et simplement au gouverneur de la province la nomination du maire de Dinan. L'assemblée générale protesta contre cet article malencontreux et réclama l'intervention des États. Grâce à cette intervention, l'article fut abrogé [2].

En somme, les Trente et un triomphaient de la résistance de la communauté. L'oligarchie municipale, forcée de céder la place à des hommes nouveaux, s'indigna de voir les bourgeois « vivant noblement, » évincés par de simples procureurs ou des marchands obscurs [3]. La plupart des membres restés inamovibles ne daignèrent plus se rendre aux assemblées de la communauté, pour ne pas siéger à côté de collègues auxquels ils se croyaient supérieurs par la naissance et le talent. Les Trente et un et leurs adhérents occupèrent seuls dès lors les fonctions municipales. Ce fut comme une révolution démocratique opérée dans cette petite ville. Aussi dès l'année 1788, la municipalité ainsi reconstituée se signala par son

1. Arch. d'Ille-et-Vil., C, 480. — 2. Ibid. C, 483. — 3. Ibid. C, 481.

hostilité contre les ordres privilégiés. En 1789, la communauté de Dinan fut une de celles de la province qui montrèrent le plus d'enthousiasme pour les premières réformes votées par l'Assemblée constituante [1].

Ant. DUPUY.

1. Arch. d'Ille-et-Vil., C, 483.